Yeo Ja-Young

시인 여자영/ 인물화 와이

화엄고요

여자영 시집

화엄고요

Poetics 시학

■ 시인의 말

어느 날
시의 늦바람이 불어왔습니다.
시를 쓴다는 것은 큰 위안과
외로움을 견디는
자기성찰의 시간이었습니다.
그리고
유일한 자유 공간이었습니다.
생각 끝에
마음만 내고 끌어 오다가
써 보기로 마음먹었습니다.
쓸 때마다
미숙하고 넋두리 같아
부끄럽고 쑥스럽습니다.
늘 고마운 분들이 계셨기에
제 삶의 버팀목이 되었습니다.
고맙습니다.

늦은 봄날에
여자영

차 례

제1부 쉼표

제2부 달빛 폴로네즈

제3부 길들여지는 것에 대하여

제4부 내 안에 석양을 찍다

제5부 목독에 대하여

제1부
쉼표

봄비

물 먹인 하늘
베틀 허공에 걸어 놓고

사르륵사르륵
명주실 자아 내리는 소리

거미줄 현을 타고
삼삼오오 물꽃들도

가랑가랑
대지에 실 못 박는 소리

길 위의 인생

여기야 여기
이쯤
잠시 쉬었다 가자

춘설 난분분한데
천수만 상공 붐비는
저, 철새 떼

시동 끈 배 되어
일렁이는 물살에 기대
이 한밤
누가 여독을 푸는가

신천지 찾아 떠도는
길 위의 인생
내 밟고 온 삶 바라보는

막차를 기다리며

스멀스멀 어둑발이 내린다
피난 시절 아버지와 함께 막차를 기다리던
그 장터 길에서 나는
쫓기듯 오가는 행인들의 물결을 본다
저 다리 건너 술도가에서
막걸리 한 사발에 타는 갈증을
숨죽이듯 저녁노을에 소금 찍어
안주 삼으시던 아버지!
늘 역마살은 어머니에게 한을 남겼지만
왠지 슬프도록 쓸쓸해 보였던 그 모습
그러나……지금도 알 수 없는 일이지만
(하늘 어디에서 그 갈증들 씻어 내고 계실까)
신작로에 등 굽은 가로수들
그때의 아버지처럼
막차를 기다리고 있는 것은 아닐까
기다리는 막차는 떠나산 그 사람처럼
아직 오지 않고 있는데

초라한 연민

칠십 평생 살아온 길
어디로 떠돌며 해매왔던가
어둠을 뚫고 가는
저 불빛 행렬들
그 속에 나도 떠밀려가네

도망치듯 살아온 나날들
스스로의 얼음감옥에 갇혀
살아온 슬픈 목숨이여
아직도 우연과 필연 사이
배신과 욕망과 낯설음에
신열이 나는 것은
내 어리석음 때문일까

이 초라한 생의 늦가을이
차창 밖으로
안단테 안단테 흘러가고 있다

장터 주인공들

맨바닥에 좌판을 펼쳐 놓고
엉덩이 붙이면 그 자리가 장터가 된다
물러설 줄 모르는
아슬아슬한 목숨의 담금질
"이러면 밑져요
그 무슨 허튼소리 허허"
짐짓 한 발짝씩 밀고 당기는
좌판과 손님들 사이
입심 좋은 엿단쇠
찰가락! 찰가락!
신명나는 엿장수,
기다림에 비해 얼마 되지 않는
푼돈 쥐어진 남루한 지게꾼,
흰 수건 곱게 쓰고 고추 다듬는
발그레한 얼굴 아낙네,
초면 구면 가리지 않고 파장 때까지
이런저런 이야기꽃 노을로 피는
축제의 한마당은 모두가 주인공이다

남대문 사람들

밤낮 없는 불빛 속을
제 몸 타는 줄 모르는
부나비 떼
생의 허기 속에서
저마다 성장통을 앓고 있다

"여기요 여기!
여기 좀 보고 가세요"
저토록 외쳐 대는
삶의 난장판 위로
기다림에 지쳐 가는
목마른 신음 소리들

절망과 희망이
교차하는 사이로
잠시 고요가 밀려오면
꿈에라도 생명줄
놓치지 않으려고

오늘도 시도 때도 없이
서서 잠자는 사람들이 있다

공양탑 이고 사는 그녀

시장 골목길을
다람쥐 쳇바퀴를 돌고 있다

점심때가 되면
쟁반밥상 포개진
공양탑을 이고
서너 평 남짓한 가게를
숨 가쁘게 맴도는 그녀

“맛있게 드세요”
수십 번을 오가며
순례의 길을
내달려야만 하는데

오후 세시가 넘어서야
겨우 한숨 돌리고
수런거리는 군중 속에서
홀로 섬이 되어 적막하다

오늘도 공양탑을 이고
사람의 바다 속을 떠가고 있다

그리움 감꽃에 꿰며

언제쯤 올까?
기다리던 아버지!

어느 날
병상에서 쓸쓸한 눈빛만 남겨 주고 떠나셨지

먼
그리움 같은
오늘
당신이 따준 홍시 하나
아직도
두 손에서 따듯하다

쉼표

천 년을 산다는
한지 한 장 펼쳐 놓고
텅 빈 여백을
들여다보는 일

순백의 신비 앞에
무슨 말을 전할 수 있을까
달려가는 세월
뒤돌아보는

내 생의
쉼표 하나
찍는 일

시간 열차

똑딱똑딱
톱니바퀴에 끼어
시간을 토막 내고 있다

종착점 없는 역을 향해
기차는 화살처럼 달려간다

주인 없는
저 보따리 하나

업

뒤돌아보니
걸어온 길이 모두
내가 지은 업이었네

부끄럽고 어리석은 나날들
아픈 줄만 알았지
미처 깨닫지 못했네

나에 대한 연민
너에 대한 연민
어디쯤 가고 있는 걸까

떠나기 전
이 무거운 짐
어디다 부려 놓고 가야 하나

일몰에 관하여

서녘 물들이는
붉은 수레

저, 니르바나!

하늘 가득 차
공空을 설하네

봄날은 간다

다붓다붓 꽃무덤들

아! 눈부셔라

꽃상여 제 머리에 이고

허위허위

봄날은 간다

노을 만다라

봐!

저, 오색단풍 좀 봐!

온몸을 불태우는

생의 절정

노을꽃

만다라를 좀 봐

제2부

달빛 폴로네즈

꽃샘눈발

달리는 차창으로
꽃샘눈발이 지문을 찍는다

도로변 웅크린 노점상들
추수 끝난 검불더미처럼 시리다

저, 깃털같이 가벼운 날것들
어디로 유영하는 걸까

깔깔거리던 유년의 골목길
북적거리는 시골 장터에서
한바탕 벌이는 춤사위던가

너와 나 떠도는 삶
이 봄날에 꽃샘눈발 자욱하다

봄꿈

희부연 창문에서
은유처럼 속삭이는
봄비 소리

간밤 꿈에
한 번도 가 본 적 없는
산길 홀로 헤매다 깨니
아직도 심신이 혼곤하다

문득, 차 한잔이 그립다
목줄기 타고 내리는
이 차가운 허기虛氣
밖은 온통 빗소리 가득한데
허허로이 스쳐 가는 바람 소리
누가 날 부르시는가
목련 저 혼자 흐드러진다

잔인한 봄비에 젖다

꽃구름 너울
봄비가 내리네

물 머금은 나뭇가지
오십 년 전 그날을 떠올리며
비에 젖어 올려다본다

누가 4월을 잔인한 달이라 했던가
노도처럼 울부짖던
민주화의 열정도 가고

분노도 고통도
뉘우칠 것도 없는
쓸쓸한 연민만 남아

이제 저 꽃잎들이
날갯짓에 숨겨진 은유를
누가 진정 들을 수 있을까

봄앓이 할 무렵

봄이 몸살을 앓는가 봐요
어제는 온종일 서리꽃 피더니
오늘은 열꽃이 함빡 돋았네요

어디선가 꽃샘바람 놀러와
아픈 자리 흔들어놓고 가네요

아이들은 아프면서 큰다던가요?
어린 꽃들도 눈보라와 비바람의
진통을 겪어야 맑게 꽃과 향을
피우지 않을까요?

이 봄날 꽃 피고 새 울어
벌 나비 떼 붐빌 때까지
그렇게 느긋이 기다려야 해요

여름 다비

한여름 보도블록 위에 지렁이 한 마리
국수발 같은 허연 배를 뒤집고 누워 있네
오, 이런!
일생 오체투지로 살아온 삶이었건만
어쩌다가 이런 곳에 죽음의 터를 잡았나
어느 티베트 고산에서의
조장이나 풍장을 생각한 것일까
문상 온 개미들과 풀벌레 곡비 속에
그들 나름의 장례 절차를 끝낸 것인지
살가죽만 남은 저 마지막 길에
휙! 어두운 그림자 하나
새조차 비껴가는 죽음 앞에
허위허위 바람 손만 왔다 가네

그믐달

직립의 아파트
아미를 스치네

허공에 떠
먼 길 가는

나그네 하나
새벽까지
나를 따라오네

억새 연가

누가 풍매화라 했나요

바람의 자식 당신은
늦가을 해 질 녘이면
은빛 머리 풀어헤쳐
서걱서걱 울음 삼키며
슬프도록 눈부신
갈대 사랑 앓고 있나요

누가 으악새라 했나요

하늘 그리운 당신은
발 묶인 산야에서
죽지 잃은 새가 되어
핏빛 목울대
허공에 치거들고
으악으악 울고 있나요

달빛 폴로네즈polonaise*

아파트 사이로 해맑은 얼굴이
지친 도심의 하루를 어루만지네

훌쩍 무한천공 뛰어올라
먹빛고요 가르는
저, 원만구족圓滿具足!

(달빛에 취해 지구가 비틀거리고)

어디선가
가녀린 풀벌레 울음소리
찌르르 찌르르
하늘 귀 간질이고 있네

---

* 폴로네즈: 폴란드의 민속무용 기악곡. 4분의 3박자로 2부 또는 3부 형식의 느린 템포.

은행나무

수도승들이
황금 가사를 떨쳐입고 있다

가부좌 틀고 앉아
무연히 속내를 비워 내리는
저 무량의 법어들

남루한 노파 하나
탑돌이하며
은행 알 법륜을 굴리고 있다

폐가

산중턱 홀로 주저앉은
폐가 하나
가을볕에 조속조속 졸고 있다

봉당에 줄지은 개미 떼
떠나간 주인의 아픈 사연
까만 점자로 쓰고 있는 것일까

찢긴 창살마다 퀭한 눈
하나같이 문밖을 내다보고
수수깡 울타리에 기대어
오로지 지키고 서 있는 것은
함께 뿌리 내린 늙은 감나무뿐

한때 떼 지어 놀던
참새들도 빗기어 날고 있다

어느 눈발의 이벤트

참을 수 없는
무겁고도 가벼운 날것들

무한허공 떠돌다
저녁 하늘에 나래 접는
광란의 춤사위

저, 하루살이 떼

솔바람 전언

백담사 얼음계곡에서
흐르는 물소리 듣다

안개에 가려 때때로
가까이 있을 때 서로 밀치고
멀어져 갈 때 그리웠던 사람

달빛은 눈발에 차가운데
산사에 홀로앉아
연민은 끝이 없고
어디선가 솔바람
쏴아! 소낙비 오는 소리

저, 솔바람 전언
언제나 너를 힘들게 하는 것은
바로 너였다고 나였다고

겨울 눈보라

하늘 가득 비문증飛蚊症을 앓는 것일까

가고 오는 계절이 난장을 치네

나목들 환상통幻想痛에 몸부림치는

저, 겨울 눈보라

눈 오는 날

까맣게 밀려오는
흰나비 떼

천 길 낭떠러지
언덕 위에

새하얀 적멸 집
한 채 짓고 있다

진눈깨비

낫도깨비 날뛰는

생의 허공 가설무대

바람과 맞짱 뜨는

저, 난타 드라마!

제3부

길들여지는 것에 대하여

차를 끓이며

첫눈이 오고
차 끓이기 좋은 밤을

창가에 때 아닌 홍매
철없이 저 혼자 피고 지고

차 끓는 소리
빗소리인 양
가슴에 젖어 드는데

차를 마시며
마시며
찻잔에 어리는 향기
이 밤이 저 홀로 그윽하네

한식날

양지바른 산길에 핀
진달래 한 다발 꺾어
산소 앞에
꽂아 놓았습니다

원근 모를 두견새
不如歸!
不如歸!

각혈 토하며
숨어서 웁니다

아버지
울 아버지

문득

손자를 바라보며
덧없는 지난날을 생각하네

나서부터 자식은
내 삶의 오랜 스승이었고
버거웠던 시간은
함께 끌고 가는 희망의 수레였지

그 젊은 날의 무거운 삶들
나이 들어
어디에 벗어 놓고 가야 할지

—사랑한다—

끝내 한마디 말 못하고
떠나보낸
아버지
어머니
문득, 그리워지네!

길들여지는 것에 대하여

문을들어서면빈집을홀로지키다묘기아닌묘기로
뱅글뱅글돌며앞발을들어껑충껑충뛰어오르고온
집안에체취를묻지르고다니는너의무어라이름붙
일수없는행위가대체어디로부터온것이냐

네 이름은 요크셔 도리
시절인연 있어 내게 왔으나
처음 낯선 너를 받아들이고
서로가 서로에게 길들여지기까지
얼마나 많은 갈등의 시간을 보냈더냐

손자들 왈!
할머니의 기쁨조라지만
앞발로 턱을 고이고
멍하니 무료에 빠져 있을 때
나도 가끔은 저런 모습일지도
모르겠다는 생각

세상살이

너는 나에게 길들여지고

나도 너에게 길들여지는 것 아닌가

술독에 관하여

아랫목 가부좌 틀고
하루하루
목숨을 깨쳐 가는

저 절대경지!

소신공양으로
열반경을 읊고 있네

대관령 백두대간에 서서

저, 젖무덤 능선들
다붓다붓
어깨동무하고 오라 하네

바람도 거대한 풍차 날개에 매달려
하늘회전 놀이하고

음매! 사람 구경났다고
산마루 양 떼가 떼 지어 달려오고

하나같이 모두모두
무거운 삶의 짐 던져 버리고
무심히 구름 따라 살라 하네

낮달

구름 깃 사이로 언뜻언뜻
바람에 씻기는 흰빛 옥루 하나

뺏속 깊이 우려낸 눈물
언 하늘 창에
인고의 지문으로 박힌 것일까

절반의 하루를 싣고
무연히 떠가는
저, 낮달

산다는 것은 이유도 모르고
그냥 흘러가는 것이라지만

얼마나 무거운
속내를 비워 내야
저리 가벼워지는 것일까

넝쿨장미 제

타고난 열정 어쩌지 못해
필사적으로
아파트 담장을 기어오르네

하나같이 바깥세상을 향해
함성을 내지르며

오, 필승 코리아!
오, 필승 코리아!

붉은 악마들의 환호성에
넝쿨장미 숨이 멎겠다

난해시

짹 짹 짹
재잘 재잘 재잘

나뭇가지 사이서도
검불덤불 속에서도

수떨이* 참새 떼
웃음일까
울음일까

알 수 없이 지저귀는
난해시 한 소절

나도 남도 모르는
똑같은 시간 속을
떠밀려 떠밀려 간다고

---

* 수떨이: 수다스런 모습.

영랑문학제에 가서

옛 주인이 그리운 것인가
봄비에 젖은 영랑 생가 뜰에는
함초롬히 모란꽃 눈물 머금고 있네

들판엔 청보리 파도에
연보라 자운영 멀미하겠다!
저 바다에 길게 누운 섬 하나
하얀 거품 토하는 용트림 보소

산비알에 납작 엎딘
다스한 황토밭
어머니 품만 같아라

이 한 폭의 남도 산수화
내 그리움의 배경이 되어
풍경이 너를 보는지
내가 풍경을 보는지 알 수 없어라

햇살절구

충주 뎀 수몰이 옮겨 놓은
노하리 고가古家에
처마 밑에 쪼그리고 앉은
절구 하나
햇살을 받으며 조속조속 졸고 있다

옛집을 배경으로
주름진 안주인 자화상처럼
저, 햇살절구!
한평생 찧어 낸 절구방아 속에
아직도 찧다 만 그리움 남아 있어
저리 꿈을 꾸고 있는 것일까
지난날 내 어머니를 닮았다

이명

딸을 병상에
홀로
남겨 두고 온 날은
귓속 가득히
풀벌레
찌륵찌륵!
귀뚜라미
슬퍼 슬퍼!
애처로이 울어 댄다

백내장 단가

주인 잘못 만나
볼 것 못 볼 것 다 보게 하고
종처럼 부렸으니
어찌 반란이 없을 수 있으랴

단두대에 눕혀 놓고
번쩍번쩍 휘두르는 칼날이
그 얼마나 무서웠으랴
함부로 다룬 죄 부끄럽고 미안하다

나의 분신이여
복사꽃 떨어져 어지러운 날
너와 나와 함께 산 풍진세월이
뜬구름만 같아라

길냥이* 가족

아파트 화단에 새끼 고양이 세 마리가
어미 따라 봄맞이 나왔네
오, 한 가족이로구나!
갈색 띠 두른 앙증맞은 어린것들이 어미의
그루터기 안에서 구르기 박치기 둘러치기 등
서로가 형제애를 다지고 있다
길냥이로 살아가며 어린것들을 저리 키울 수 있다니
저 모성애가 놀라워라!
예부터 먹을 것은 다 타고난다는데
구석구석 생쥐를 사냥하고 상가 주변을 맴돌며
쓰레기 더미를 뒤지는 거리 고양이의 삶이
어쩌다 노숙자 신세가 되었을까?
아직도 맹수의 눈초리 빛나고 있건만

고즈넉한 이른 봄날
산수유 배경 아래
한 가족의 꽃그늘이
시리도록 눈부시다

---

* 길냥이: 길고양이.

황금바이러스

신종 바이러스가 번지네요

당뇨병 앓는 나무들
아픈 만큼 더 고와진다고
죽을힘 다해 단풍들
비명을 질러 대네요

아프게 살아온 삶
저무는 한 생애가
이제는 슬퍼서 황홀하다고

이 계절이 세상에
마지막 바치는
저녁노을 칸타타네요

제4부

내 안에 석양을 찍다

천년 수도승

하늘 문 두드리고 있다
동네 어귀에 뿌리 내린
늙은 느티나무 하나

늘 침묵의 그늘은
지나는 사람들에 등을 내주고
땀도 식혀 주었다

붙박이로 살아온 한평생
저승꽃 핀 몸속에
쇠똥구리 혹을 매달고 있다

높고 외롭고 고단했음으로
그의 자리는
오히려 눈부시다

빈 하늘 온 세상
이고 사는
천년 수도승이여

내 안에 석양을 찍다

아파트 풍경을
비디오 촬영하듯
조리개를 옮겨 가고 있습니다

온종일
붉은 수레 끌고
서편 하늘로 물러앉는
지친 석양을 바라봅니다

나 그대 앞에 서서
내 안에
황홀한 슬픔의 적멸고요를 찍습니다

청량사

온 산이 법당이네

가부좌 튼 고사목

무상을 설하고

수도승 청량사는

묵언수행 중……

화엄고요

물먹은 검푸른 산
짐승처럼
하얀 숨 내뿜으며
새벽 뜸 들이고 있네

밤새 죽비 두들겨 맞은
백담계곡
끙끙 살몸살 앓는 소리

순한 소의 눈망울처럼
멍히 숨죽인 소나무들
빗줄기 무현금 뜯고 있네

아, 차 한잔의
화엄고요

호수의 명상

물푸레 그늘 아래

소금쟁이 일획을 긋고 가네

흔적 없는

정.
금.
고.
요.

순은고요

— 위대한 침묵의 영화에 부쳐

알프스 카르투지오 수도원에
천사의 웃음꽃처럼
눈송이가 쏟아져 내리네

하늘 가까이에서
그들만의 역적 시간을 보내는
묵언수행자들이 살고 있다

절제와 묵상으로
한 걸음 한 걸음
존재의 신비를 깨달아 가는

저, 절대고독!

순은고요

우담바라
– 법정 스님

천년 침묵 속에

홀로 핀

무소유 꽃

火. 中. 生. 蓮

그 꽃

소 눈을 보다

저, 무량의 사색을 보라

앉거나 서거나
지그시 눈 감으나
생을 되새김질하는

그 어진 눈 속에
우주 눈망울 굴리는

적멸보궁

제 몸 그늘에
마른 잎 벗어 놓는
나목 한 그루

하늘 허공 내려와
가부좌 틀고 앉은

저, 무언의 적멸보궁 한 채

길상사에서

저! 크고 작은 연등은
어느 누구의 마음등불입니까

실실이 내리는 가랑비
스님의 독경 소리 긋고 있네

무시로 지은 업 밀물져 오고
한 가닥 핏줄에 대한 연민은
바람 앞에 등불입니다

자줏빛 모란꽃
밤비에 젖어
반야경을 읊습니다

연곡사 동부도 앞에서

가랑비 속에서
천 년 세월 오롯하다

석수의 정 소리
아득한데

저, 무언의 법문

—쉿!
화엄설법 중……

합천 해인사

해동 가야산 기슭에
팔만대장경이
침묵만 지키고 있네

물은 물
산은 산
선승은 간 곳 없고

해인삼매
절 마당
참새 떼 출렁이네

청평사

노을 등지고
빙벽 수행하네

뎅그렁 뎅그렁
풍경은 법문 중인데

서산 해가 빙그레
염화미소 짓고 가네

제5부

목독에 대하여

할미꽃에 기대어

걸음이 느리고 말이 어눌해지는 건
바삐 살아온 세상살이
천천히 음미하며 살라는 뜻일 테지

가는귀먹어 잘 들리지 않는 건
옳고 그른 소리
대충대충 삭혀서 들으라는 뜻일 테지

허리가 굽었다고 슬퍼하지 말라는 건
겸허하게 들꽃 한 송이에게도
모심으로 살라 하는 뜻일 테지

한평생 부끄럽지 않은 날
과연 그 얼마나 될까
무덤가 고개 숙인 할미꽃
낮은 자세로 살다 가라는 뜻일 테지

명화

숲속에 갇힌
옥색 호수
수줍은 듯 숨어 있네

하늘 내려와
흰 돛배
띄워 놓은

저, 종신 고독!

임자 없는
신의 명작
하나

무위
— 안면도

1

발가벗은 홍솔가지
눈꽃 맵게 피워 놓고
겨울을 견디고 있다

무거움 벗어나려는
한줄기 바람에
흩날리는 저 가벼운
은빛 날개들

아아! 어느 손길이
설국을 이 바닷가에 세우고 간 것일까

2

어디서 와서 어디로 가는가
허공에
발자국 하나 남기지 않는
저!
갈매기 한 쌍

구름 깃 앞치마

반생은 눈서리 내리고
반생은 비바람 치는

저 천상의 구름 깃 앞치마

먼 산등성이로
노을노을 타는 그리움

어머니
어머니

저, 생의 간이역

하노이 도로변에
낡은 오토바이 위에서
남루한 중년의 사나이가
오수를 즐기고 있다

그곳은 식당도 되고
침대도 되고 일터도 되는
저, 생의 간이역

누군가 불러 주기만 하면
어디든 반의 반값으로 달리기도 하고
여행객에게는 더러 바가지도 씌운다는
반백수 오토바이 기사

나는 버스에 오르며
또 다른 낯선 시간을 향해
흑백사진 속을 아프게 달리고 있다

노파와 비둘기

길모퉁이에서 웅크린 노파가 팥죽을 먹고 있다
그 옆에 숲을 잃고 떠도는 비둘기들도
누군가 먹다 남긴 음식 찌꺼기를
콕. 콕. 콕. 찍고 있다

저 생의
두 그늘
길 잃은 자들의
빛나는 삶터인 것을

낙산 장수길 걸으며

성터 그늘 밑으로
따개비 집들이 옹기종기 붙어 살고 있다
가파른 돌계단은
묵은 세월의 더께로 비릿하다
한낮의 골목길은
눌러앉은 고요가 숨어 살고
등지고 내려가는 길섶마다
수줍은 듯 백일홍이 웃고 있다
저마다 잊고 사는 마음의 갈피 속엔
뼈아픈 성장통을 앓고 있으리라
아직도 삶의 뻘밭에서
모래톱을 쌓고 있을
저 기다림의 낯선 시간들
개발이란 미명 아래
짓뭉개지는 불균형의 문턱에 서서
나는 가늠할 수 없는
길 잃은 길을 홀로 걷고 있나

어느 유목의 초상

길 잃은 어린 오동나무 한 그루
강가에 홀로 앉아
망연히 흐르는 강물을 바라보네

그토록 무더운 여름 잘 버티더니
곤파스 태풍에 몸이 찢겨 수척하구나!

그 고향 어디기에
해외로 도시로 떠도는 신유목민처럼
삶이 얼마나 두렵고 외로우랴

……나는 아슴히 유년의 꿈을 생각하다……

바람채찍에 뼈몸살 앓으며
구름 씻긴 맨산하늘에
어린 꿈 파랑새로 날아가
그곳에 닿을 것만 같았던
먼 날의 초상

아, 너는 높고 푸르게 자라
꽃등불 하나 밝혀 놓고 지나는 나그네
작은 쉼터가 되어 줄 꿈을 꾸고 있는가

톤레사프* 선상에서

수상 마을 사람들 몸에서
비릿한 생선 비린내가 난다
망망 강물에 던져진 집시들
미친 듯이 달려와서
원 딸라! 원 딸라! 외쳐 댄다
엄마는 바나나 한 송이 들고
물개 닮은 아이는
팔짝팔짝 재주를 부리고
육십 년 전 폐허 속에 들리던
귀 익은 소리 어디선가 들려오듯
강물에 떠 있는 학교 운동장에 어린
학생들이 물고기 솟구치듯 뛰놀고 있다
등대처럼 십자가는 마을 수호신 같고
도저한 유속을 헤치고 경계 없이 떠도는
저 갈 곳 없는 난민들의 편린들이
유유히 떠가고 있다

---

* 톤레사프 호수: 캄보디아 메콩 강의 지류가 합쳐져 형성된 호수로, 동남아시아 최대의 호수.

수평선에 기대어

바다가 퍼렇게 멍들어 있다

아우성치며 달려왔다가
허무하게 물러가는 포말
멀리서 갈매기 추억처럼 날아와
파도 한 줌 베어 물고 꿈처럼 날아간다

그토록 몸부림치는
알몸의 그늘에
파르라니 스스로 그림자를 묻고

아득히
수평선으로 물러나 앉아
실눈 뜨고
평등의 일획을 긋고 있는
저, 수평선 그대

민들레 하늘

먼동을 틔우며
해맑게 미소 짓는

저, 천수의
관음

해 질 녘
둥근 지구 굴리네

빗소리

이 밤에
누군가 창문을 두드리고 있다

황사가 봄을 앗아간 광야에서
지친 그가
밤새 휘적휘적 찾아온 건 아닐까

귀 익은 발자국 소리
방 안엔 상앗빛 등불이
파르르 떨고 있다

바람에 밀려온
저 절망
젖은 창에 부딪혀
흐느끼는……

창밖에서
누군가 훌쩍훌쩍 울고 있다

이슬별

밤하늘에 별떨기

은하수 타고 내려와

거미줄에 매달려

그렁그렁

눈물그네 흔드네

뒤돌아 앉아 첼로를 켜는 남자
— 카쉬 파블로 카잘스 사진전에서

하나밖에 없는
창문 안에
뒤돌아 앉아 첼로를 켜는 저 남자

소리 없는 선율
작은 틈새로
바깥세상이 그를 응시하고 있다

저 현 깊이
온몸 던져
세상을 울릴 수 있다면

—쉿! 여보게들
조용히 하게나
저, 천상의 연주 소리 들리지 않는가—

도배를 하며

유난히 길게 느껴진 겨울
어디서 오는 걸까
안개비 타고 오는 봄소식
나목들은 묵묵히 수액을 받고 있다

아직 여기저기 떠나기가 아쉬운 듯
추위는 오락가락 서성이고
지구온난화로 겨울이 짧아진다고 하는데
계절은 늘 그 자리 그대로 오가고 있을 뿐

오랜만에 아이들 등살에 도배를 했다
무겁게 이고 지고 온
내 영혼 억누른 생의 찌꺼기들
훌훌 털어 버리고 홀가분해지고 싶다

목독*에 관하여

– 어느 노블레스 오블리주**

운조루雲鳥樓*** 풍류는 간 곳 없어라
빛바랜 택호의 편액만이 홀로
세월의 무게를 힘겹게 버티고 있네

지리산 자락 99칸 양반 고가에
낡은 목독 하나 후미진 헛간에서
가부좌 튼 채로 옛집을 지키고 있네

타인능해他人能解****란 구멍 뚫린 문으로
배고픈 춘궁기마다 옛 주인의
보이지 않게 곡식을 퍼 가게 했던
노블레스 오블리주의 정신이 살아 있네

역사의 숱한 환란 속에서도
지금껏 목숨을 지키고 견뎌 온 것은
그 높고 순수한 덕행이 아름다웠으므로

* 목독: 원통형 나무 쌀독.

** 영조 때 삼수부사 낙안군수를 지낸 류이주(1726~1797).

*** 운조루: 구름 속에 새처럼 숨어 사는 집(전남 구례군 토지면 오미리).

—雲無心以出岫 鳥倦飛以知還(운무심이출유 조권비이지환):「귀거래사」 중에서 첫머리 '雲' 자 '鳥' 자를 따서 지었다 함.

**** 타인능해: 아무나 마음대로 문을 열 수 있음.

작품 해설

고요의 시학, 평안을 위하여

영혼의 근원은 맑고 고요하고 적적하여
옛날도 없고 오늘도 없나니라
靈源湛寂 無古無今

김 재 홍
(문학평론가 · 경희대 교수)

머리말/ 시 쓰기, 또는 자아실현과 구원에의 길

우리는 왜 시를 쓰고 읽는가? 이는 수십 년 시를 공부해 오면서 자주 부딪쳐 온 질문이고, 또한 시를 비평하고 가르쳐 오는 동안 지속적으로 생각해 본 명제이다.

첫 번째로 그것은 '나' 를 알기 위해, '참나' 를 찾기 위해서라고 대답해 볼 수 있겠다. 누구나 한세상 살아가면서 삶이란 무엇이며, 나는 어떻게 살아갈 것인지를 고민하게 마련이다. 이러한 지속적인 질문과 그에 대한 스스로의 응답이 바로 시를 쓰고 읽게 되는 근본 요인으로 작용한다는 뜻이다.

두 번째는 나를 이기기 위해, 자기 극복을 위해 시를 쓰는 것이라고 정리해 볼 수 있겠다. 산다는 것은 끊임없이 실존의 여러 문제들과 부딪치는 일이고 그러기에 온갖 난관과 번민에 휩싸이게 된다. 바로 이러한 문제 해결 과정으로서 자기 극복의 노력이 바로 시로서 형상화되는 것이기도 하다.

세 번째는 자신에 대한 존재 증명이고 자아실현의 몸부림이라고 말할 수 있다. 살아 있다는 것을 스스로 증거하고 더 나은 삶, 가치 있는 생을 모색하기 위한 자아실현의 의지가 반영된다는 말이다.

네 번째는 정신의 고양 또는 자기 구원을 향해 나아가는 길이라는 점이다. 삶의 의미와 현실적 목표는 자기 극복이고 자아실현이지만, 동시에 그것은 정신적 고양과 구원을 이상적 목표로 한다. 이 점에서 왜 시를 쓰고 읽는가, 또는 시란 무엇이며 어떻게 써야 하는가 하는 질문은 그대로 생이 무엇이며 어떻게 사는 것이 의미 있고 가치 있는 일인가 하는 명제와 등가를 이룬다.

여자영 시인의 경우도 마찬가지다. 적잖은 자연 연령에 이르렀고, 또한 알 것은 알 만큼 알았는데도 '지식이 회의를 구하지 못하고 삶이 애증을 다 짊어지지 못하기' 에 스스로 창작을 통해 그러한 문제들에 좀 더 절실하게 다가가고자 의도하는 것이다. 타성적 · 일상적으로 살아온 지난날을 되돌아보고 반성하면서 오늘날의 삶을 가늠해 보고 남은 날들을 좀 더 보람 있고 가치 있게 살아감으로써 정신의 부활, 새로운 삶의 출발을 모색하고 꿈꾸어 보는 것이다.

이에 시집 발간을 축하하는 뜻으로 그의 시세계의 개요를 간략히 살펴보기로 한다.

1. 생의 탐구 또는 인생론의 시를 향하여

여 시인의 시는 기본적으로 자신의 삶에 대한 성찰, 즉 생에 대한 관심과 탐구로부터 시작된다. 다시 말해 생의 현상과 본질에 대한 존재론적 탐구로서 인생론의 시라는 기본 성격을 지니며 전개된다는 뜻이 되겠다.

① 여기야 여기
이쯤
잠시 쉬었다 가자

춘설 난분분한데
천수만 상공 붐비는
저, 철새 떼

시농 뜬 배 되어
일렁이는 물살에 기대
이 한밤

누가 여독을 푸는가

신천지 찾아 떠도는
길 위의 인생
내 밟고 온 삶 바라보는

—「길 위의 인생」 전문

② 칠십 평생 살아온 길
어디로 떠돌며 해매왔던가
어둠을 뚫고 가는
저 불빛 행렬들
그 속에 나도 떠밀려가네

도망치듯 살아온 나날들
스스로의 얼음감옥에 갇혀
살아온 슬픈 목숨이여
아직도 우연과 필연 사이
배신과 욕망과 낯설음에
신열이 나는 것은
내 어리석음 때문일까

이 초라한 생의 늦가을이
차창 밖으로
안단테 안단테 흘러가고 있다

—「초라한 연민」 전문

이 두 편의 시에는 시인의 생에 관한 기본적인 인식이 잘 제시돼 있어 관심을 환기한다.

먼저 시 ①에서는 삶이 '철새'와 '배'로서 표상성을 지닌다. 철새는 무엇인가? 깃들어 사는 곳으로서 서식지와 얼마간 떠나 사는 월동지, 즉 고향과 객지를 오가면서 먹이를 구하고 모진 추위나 더위를 피하며 살아가는 이동하는 새를 말하는 게 아니던가? 그러고 보면 철새는 바로 고향과 타향 사이에서 삶을 찾아 오가는 나그네 인생의 환유에 해당함을 알 수 있겠다.

또한 배란 무엇인가. 인생을 흔히 고해, 즉 고난의 바다라 하지 않던가. 그러한 생의 난바다를 홀로 헤쳐 가는 배의 모습 역시 인생의 또 다른 환유에 해당하는 것이 된다. 삶을 찾아 하늘을 날아가는 철새나 망망대해를 노 저어 가는 배의 모습은 그대로 인생의 그것과 다를 바 없기 때문이다.

그렇다. 인생이란 그렇게 새처럼, 배처럼 삶을 찾아 떠나고 돌아오는 길의 여정 위에 놓여 진다. 그러기에 거기에는 걸어온 길로서 과거와 지금 걸어가고 있는 길로서 현재, 그리고 앞으로 걸어 나아가야 할 미래가 물결쳐 오고 다시 흘러가게 마련이다. 이 점에서 시인은 삶을 '길 위의 인생'으로 파악하고 있으며, 그러한 생의 본질과 현상에 대한 질문과 스스로에 대한 응답이 바로 살아가는 일이고, 시 쓰는 일이라는 점을 인식하는 데서 출발하는 것으로 이해된다.

시 ②에는 자신의 삶에 대한 회상과 함께 그에 대한 반성적 성찰, 그리고 삶의 근원적 형식에 대한 사색이 펼쳐져 관심을 환기한다.

삶이란 무엇이던가? 그것은 첫 연에서처럼 '한평생 떠돌며 헤매는' 일이고 '어둠을 뚫고 불빛을 향해 떠밀려' 나아가는 그런 형국이 아니겠는가. 그러기에 일상의 나날들은 "도망치듯 살아온 나날들/ 스스로의 얼음감옥에 갇혀/ 살아온 슬픈 목숨"의 모습이 아닐 수 없다. 또한 인생이란 우연과 필연, 즉 운명과 자유 그리고 우연의 힘에 지배되고 이끌려져 가는 속성을 지닌다. 말하자면 인생의 결정 요소는 필연으로서의 운명과 그에 대한 반작용으로서 해방 즉 자유에의 길 및 우연 등 세 가지 요소의 상호작용으로써 전개돼 간다는 뜻이 되겠다. 아울러 인생은 욕망과 성냄 그리고 어리석음이라는 세 가지 독소들을 품고 살아가기에 살아 있는 한 신열, 즉 끝없는 번뇌와 고통을 헤쳐 가지 않을 수 없음이 자명하다.

이처럼 시인에게 있어 시 쓰는 일이란 바로 삶을 살아가는 일 그 자체며, 그 번뇌와 신열 속에서 빛을 찾아 나아가는 자기 발견의 길 또는 자아실현의 길에 해당함을 알 수 있다.

2. 시간의 존재론 또는 운명의 형식

따라서 시인의 시에는 생의 본질 또는 그 운명의 형식에 대한 지속적인 성찰이 제시된다.

① 똑딱똑딱
톱니바퀴에 끼어

시간을 토막 내고 있다

종착점 없는 역을 향해
기차는 화살처럼 달려간다

주인 없는
저 보따리 하나

—「시간 열차」 전문

② 천 년을 산다는
한지 한 장 펼쳐 놓고
텅 빈 여백을
들여다보는 일

순백의 신비 앞에
무슨 말을 전할 수 있을까
달려가는 세월
뒤돌아보는

내 생의
쉼표 하나
찍는 일

—「쉼표」 전문

그렇다. 삶이란 시간이라는 열차를 타고 종착점 없는 역을 향해 달려가는 시간의 존재, 운명의 존재가 아닐 수 없다. "똑딱똑딱/ 톱니바퀴에 끼어/ 시간을 토막 내고 있다// 종착점 없는 역을 향해/ 기차는 화살처럼 달려간다"라는 구절이 바로 그것이다. 인간은 시간 속에서 태어나서 시간 위를 살아가다가 마침내 시간 밖으로 날아가 버리고 마는 그런 소멸의 존재, 허무의 존재가 아니던가. 그 점에서 현존재로서 인생이란 '시간 열차'에 실려 가는 '주인 없는 저 보따리 하나'의 모습인 것이다. 절대 고독의 존재, 절대 허무의 존재상을 지닌다는 뜻이 되겠다.

그러기에 산다는 일의 의미가 드러난다. 시인에게 있어 산다는 것은 생이라는 백지 한 장 펼쳐 놓고 "텅 빈 여백을/ 들여다보는 일"이며 "달려가는 세월/ 뒤돌아보"며 "쉼표 하나/ 찍는 일"에 불과한 것으로 인식된다. 사람이 살아 있는 동안 할 수 있는 것은 부단한 자기 성찰과 모색을 전개해 가면서 쉼표(,)와 물음표(?), 느낌표(!)를 찍어 가다가 마침내 마침표(.) 하나 찍어 놓는 일이라는 시학적 인식이 제시돼 있다는 말이 되겠다.

이러한 유한한 존재로서 시간적 존재론 그리고 그 과정에서 몇 가지 문장부호를 찍는 일로서 생에 관한 해석이 제시돼 있다는 점에서 이 시들은 관심을 환기한다.

① 스멀스멀 어둑발이 내린다
피난 시절 아버지와 함께 막차를 기다리던
그 장터 길에서 나는
쫓기듯 오가는 행인들의 물결을 본다
저 다리 건너 술도가에서
막걸리 한 사발에 타는 갈증을

숨죽이듯 저녁노을에 소금 찍어
안주 삼으시던 아버지!
늘 역마살은 어머니에게 한을 남겼지만
왠지 슬프도록 쓸쓸해 보였던 그 모습
그러나……지금도 알 수 없는 일이지만
(하늘 어디에서 그 갈증들 씻어 내고 계실까)
신작로에 등 굽은 가로수들
그때의 아버지처럼
막차를 기다리고 있는 것은 아닐까
기다리는 막차는 떠나간 그 사람처럼
아직 오지 않고 있는데

—「막차를 기다리며」 전문

② 언제쯤 올까?
기다리던 아버지!

어느 날
병상에서 쓸쓸한 눈빛만 남겨 주고 떠나셨지

먼
그리움 같은
오늘
당신이 따준 홍시 하나
아직도
두 손에서 따뜻하다

—「그리움 감꽃에 꿰며」 전문

아울러 이 두 편의 시에는 인간 존재의 운명적 형식에 대한 조용한 응시와 발견이 제시돼 있는 것으로 이해된다.

시 ①에서 그것은 쓸쓸함으로서 고독과 한없는 기다림의 형식으로 나타난다. "막걸리 한 사발에 타는 갈증을/ 숨죽이듯 저녁노을에 소금 찍어/ 안주 삼으시던 아버지// 왠지 슬프도록 쓸쓸해 보였던 그 모습"이라는 구절 속에는 운명의 형식으로서 고독과 기다림이 요약적으로 제시돼 있다. 사람의 한평생이란 끝없이 안으로 비워져만 가는 것으로서 고독을 운명처럼 껴안고 살아갈 수밖에 없는 절대 고독의 존재라는 뜻이 되겠다. 아울러 "막차를 기다리며"라는 제목 속에 함축돼 있는 불안 의식과 강박관념, 그리고 소멸 의식 또한 그러한 절대허무로서 운명의 형식에 대한 환유가 될 것이 분명하다.

시 ②에서도 그러한 쓸쓸함으로서 고독과 허무, 그리고 그것의 또 다른 형식으로서 그리움과 기다림이 제시됨으로써 삶의 본질과 현상에 대한 사색이 전개되고 있다. 사실 그렇지 않은가! 삶이란 본질적으로 고독하고 허무한 것이기에 그것은 끊임없이 그리움과 외로움 그리고 기다림의 연속으로 점철돼 가는 과정 그것이 아니겠는가. 이 점에서 인생에 있어 운명의 형식은 바로 고독과 허무이고 그것의 실존적 표상이 그리움과 외로움 그리고 기다림이 아니겠는가 하는 말이다.

이렇게 본다면 여 시인의 시는 인생론의 시이면서 동시에 존재론의 시로서 기본 성격과 지향성을 지니는 것이 분명하다.

3. 시장 사람들, 주변부의 중심부화를 위하여

이처럼 여 시인의 시는 기본적으로 인생론적 탐구라는 성격을 띠기에 시집에는 살아가는 일의 어려움 또는 고달픔에 대한 응시와 함께 그에 대한 연민과 옹호의 정신이 지속적으로 표출되고 있다.

밤낮 없는 불빛 속을
제 몸 타는 줄 모르는
부나비 떼
생의 허기 속에서
저마다 성장통을 앓고 있다

"여기요 여기!
여기 좀 보고 가세요"
저토록 외쳐 대는
삶의 난장판 위로
기다림에 지쳐 가는
목마른 신음 소리들

절망과 희망이
교차하는 사이로
잔시 고요가 밀려오면
꿈에라도 생명줄
놓치지 않으려고
오늘도 시도 때도 없이

서서 잠자는 사람들이 있다

—「남대문 사람들」 전문

그런 좋은 시가 있지 않았던가? "누군가 나에게 물었다. 시가 뭐냐고/ 나는 시인이 못됨으로 잘 모른다고 대답하였다/ 무교동과 종로와 명동과 남산과/ 서울역 앞을 걸었다/ 저녁녘 남대문 시장 안에서/ 빈대떡을 먹을 때 생각나고 있었다/ 그런 사람들이/ 엄청난 고생 되어도/ 순하고 명랑하고 맘 좋고 인정이/ 있으므로 슬기롭게 사는 사람들이/ 그런 사람들이/ 이 세상에서 알파이고/ 고귀한 인류이고/ 영원한 광명이고/ 다름 아닌 시인이라고"(김종삼,「누군가 나에게 물었다」)라는 시 말이다.

인용 시는 이러한 남대문 시장의 풍경과 그 속에서 살아가는 인정 어린 사람들의 힘겹고 고달픈, 그러나 생명력 넘치는 모습들을 활기차게 묘파하고 있어 관심을 환기한다. 시장에 가면 삶은 하나의 난장, 즉 살기 위한, 살아남으려는 생존 경쟁의 전쟁터로 다가오게 마련이다. 온갖 왜장치는 소리 속에서 절망과 희망이 무시로 교차하며 삶을 위한, 삶의 온갖 신음 소리와 절규가 뒤섞여 끓어오른다. 마치 "꿈에라도 생명줄/ 놓치지 않으려"는 몸부림과 외침 소리 속에서 "서서 잠자는 사람들"의 고달픔과 힘겨움, 목마름과 허기, 기다림이 물결치고 있는 것이다.

이러한 삶의 전쟁터 속에서 사람들은 모두 엄청나게 고생을 하면서도 절망 속에서 희망을 꽃피우며 순하고 명랑하고 인정 있게 살아가려 노력하고 있는 것이다.

맨바닥에 좌판을 펼쳐 놓고
엉덩이 붙이면 그 자리가 장터가 된다
물러설 줄 모르는
아슬아슬한 목숨의 담금질
"이러면 밑져요
그 무슨 허튼소리 허허"
짐짓 한 발짝씩 밀고 당기는
좌판과 손님들 사이
입심 좋은 엿단쇠
찰가락! 찰가락!
신명 나는 엿장수,
기다림에 비해 얼마 되지 않는
푼돈 쥐어진 남루한 지게꾼,
흰 수건 곱게 쓰고 고추 다듬는
발그레한 얼굴 아낙네,
초면 구면 가리지 않고 파장 때까지
이런저런 이야기꽃 노을로 피는
축제의 한마당은 모두가 주인공이다

—「장터 주인공들」 전문

이 시에는 이러한 삶을 위한, 더 나은 삶을 향한 시장 사람들의 어기찬 몸부림이 더욱 구체적으로 생생하게 펼쳐져 있다. "찰가락! 찰가락!/ 신명 나는 엿장수,/ 기다림에 비해 얼마 되지 않는/ 푼돈 쥐어진 남루한 지게꾼,/ 흰 수건 곱게 쓰고 고추 다듬는/ 발그레한 얼굴 아낙네"들이 손님들과 서로 얼크러지며 삶의 난장을 이루고 있는 것이다. 그러면서도 "이러면 밑져요/ 그 무슨 허튼소리 허허"와 같이 인정스런 밀고 당김이 벌어지는 모습들이 삶의 생생한 현장성과 생명력을 불러일으키는 힘으로서 작용한다.

그런데 여기에서 중요한 것은 그러한 삶을 위한 전쟁터 모습 그 자체가 시의 중심 메시지가 아니라는 점이다. 오히려 "맨바닥에 좌판을 펼쳐 놓고/ 엉덩이 붙이면 그 자리가 장터가 된다"라는 구절과 "이런저런 이야기꽃 노을로 피는/ 축제의 한마당은 모두가 주인공이다"라는 구절에 무게 중심이 놓여진다. 한마디로 말해서 그것은 '나 있는 곳이 내 집이고, 내 마음 머무는 곳이 내 고향이다' 라고 하는 불교적 인생관의 반영이고, '내가 세상의 주인이고, 세계는 나의 표상이다' 라고 하는 주체적 세계관 또는 주인의식의 당당한 표현으로 집약된다. 비록 가진 사람들의 입장에서 보면 주변부의 삶, 소외된 삶의 모습이라 할 수 있을지라도 이러한 당당한 삶의 자세에는 주변부의 중심부화, 즉 소외와 불평등을 극복하고 누구나가 삶의 주인이고 세계의 중심이라고 하는 주체사상 또는 평등의 세계관이 자리 잡고 있음이 분명하다.

4. 노블레스 오블리주, 나눔과 베풂을 위하여

삶의 현장이 그만큼 험렬하고 고달픈 곳이기에 오늘날 사람들은 늘 쫓기고 허덕이며 온갖 불안과 방황 속에서 살아가게 마련이다. 여기에서 시인 특유의 삶의 자세가 나타난다.

걸음이 느리고 말이 어눌해지는 건
바삐 살아온 세상살이
천천히 음미하며 살라는 뜻일 테지

가는귀먹어 잘 들리지 않는 건
옳고 그른 소리
대충대충 삭혀서 들으라는 뜻일 테지

허리가 굽었다고 슬퍼하지 말라는 건
겸허하게 들꽃 한 송이에게도
모심으로 살라 하는 뜻일 테지

한평생 부끄럽지 않은 날
과연 그 얼마나 될까
무덤가 고개 숙인 할미꽃
낮은 자세로 살다 가라는 뜻일 테지

—「할미꽃에 기대어」 전문

그러한 삶의 자세는 '느리게 살아가기', '겸허하게 낮은 자세로 살아가기', 그리고 '부끄럽지 않게 살기' 등으로 요약해 볼 수 있겠다. 실존의 삶이 어려울수록 그렇게 온갖 세상 소리들을 '대충대충 삭혀서 들으면서', '크게 노여워하거나 슬퍼하지 말며' 들꽃 한 송이의 마음으로 살아가라는, 살아가자는 자기 고백 또는 하소연이 담긴 모습이라 하겠다.

여기에서 여자영 시의 성숙한 시심으로서의 미덕이 드러난다. 그것은 바로 나눔과 베풂으로서 노블레스 오블리주의 철학이다. 덜 가진 사람들, 못 가진 사람들이 명랑하고 착한 마음으로 열심히 자신 앞의 생을 최선을 다해 살아가야 하는 것처럼 가진 사람들, 많이 누리는 사람들도 최대한 가진 것들을 나누고 또 베푸는 노블레스 오블리주의 미덕을 실천하는 것이 바람직한 공존과 상생의 길이라는 점을 강조하고 있는 것이다.

운조루雲鳥樓 풍류는 간 곳 없어라
빛바랜 택호의 편액만이 홀로
세월의 무게를 힘겹게 버티고 있네

지리산 자락 99칸 양반 고가에
낡은 목독 하나 후미진 헛간에서
가부좌 튼 채로 옛집을 지키고 있네

타인능해他人能解란 구멍 뚫린 문으로
배고픈 춘궁기마다 옛 주인의
보이지 않게 곡식을 퍼 가게 했던
노블레스 오블리주의 정신이 살아 있네

역사의 숱한 환란 속에서도
지금껏 목숨을 지키고 견뎌 온 것은

그 높고 순수한 덕행이 아름다웠으므로

—「목독에 관하여」 전문

운조루란 무엇이던가? 시인의 설명대로 조선조 낙안군수를 지낸 류이주가 구름 속에 새처럼 조용하고 자유로이 숨어 산다는 뜻으로 지은 아흔아홉 칸 저택이 아니던가. 구름과 새처럼 가볍게 자유롭게 살아가고 싶다는, 살아가겠다는 주인의 마음을 반영한 집이다. 특히 '누구나 열고 마음껏 가져가라(他人能解)' 는 글귀가 새겨진 목독(큰 원통형 쌀통)이 유명한 이 집은 가진 자들의 나눔과 베풂을 강조하는 이른바 노블레스 오블리주의 상징으로 유명한 집인 것이다.

시인이 이처럼 운조루와 목독을 노래한 까닭은 무엇이겠는가? 말 그대로 부익부 빈익빈이 날로 심화돼 가는 시대, 온갖 불연속성과 불확정성으로 인해 소외와 불평등 현상이 심화돼 가는 시대에 가진 자들의 나눔과 베풂의 정신을 강조함으로써 바람직한 삶이란 무엇이고 또 어떠해야 하는지를 강조한 내용임이 분명하다. 물질만능의 풍조와 인간 경시의 세태 속에서 인간은 모두 평등하고 존중돼야 하기에 공존과 상생의 철학을 강조하는 뜻이 담겨 있는 게 아닌가 말이다. 소외되어 힘들게 살아가는 분들의 상처 받은 마음에 공감하면서 가진 사람들의 높고 순수한 덕행을 강조함으로써 진정한 평화의 길, 휴머니즘의 실천을 향해 나아가고 싶다는, 나아가자는 생명 회복의 꿈과 메시지를 제시한 것이라는 뜻이다.

5. 무소유 또는 자유에의 길을 향하여

그렇다면 시인이 꿈꾸는 삶의 길, 행복의 길은 과연 어디에서 찾을 수 있을 것인가? 여기에서 시인이 추구하는 것은 진정한 깨달음의 길이고 무소유로서 자유에의 길이 아닌가 한다.

① 뒤돌아보니
걸어온 길이 모두
내가 지은 업이었네

부끄럽고 어리석은 나날들
아픈 줄만 알았지
미처 깨닫지 못했네

나에 대한 연민
너에 대한 연민
어디쯤 가고 있는 걸까

떠나기 전
이 무거운 짐
어디다 부려 놓고 가야 하나

—「업」 전문

② 유난히 길게 느껴진 겨울
어디서 오는 걸까

안개비 타고 오는 봄소식
나목들은 묵묵히 수액을 받고 있다

아직 여기저기 떠나기가 아쉬운 듯
추위는 오락가락 서성이고
지구온난화로 겨울이 짧아진다고 하는데
계절은 늘 그 자리 그대로 오가고 있을 뿐

오랜만에 아이들 등살에 도배를 했다
무겁게 이고 지고 온
내 영혼 억누른 생의 찌꺼기들
훌훌 털어 버리고 홀가분해지고 싶다

―「도배를 하며」 전문

③ 천년 침묵 속에

홀로 핀

무소유 꽃

火. 中. 生. 蓮

그 꽃

―「우담바라」 전문

시 ①에서 보듯이 지나온 삶의 길은 모두가 업연業緣에 의한 길이었고 그러기에 그것은 죄의 길, 운명의 길로서 받아들여진다. 그것은 피할 수 없는 운명의 길이었기에 부끄러움과 어리석음, 아픔의 길로서 이어지는 고난과 시련의 과정이고 그 인내와 극복의 과정으로 인식될 수밖에 없다. 끊임없는 탐욕과 성냄과 어리석음이라는 삼독三毒과 집착과 애착, 원착이라는 삼착三着에 빠져 허우적거리며 사는 것이 세간의 삶, 범부의 삶의 모습이기에 이러한 업으로서 운명의 짐, 육신의 구속으로부터 벗어남으로써 참다운 삶, 본래 면목으로서 참나를 살 수 있는 길이라는 점을 깨닫게 되는 것이다. 세속살이 범부의 삶에서 벗어나 나와 너를 함께 깨닫고 공경하고 사랑하는 출세간의 길, 나한에의 사회적 깨침을 갈망하게 된다는 뜻이다. "나에 대한 연민/ 너에 대한 연민/ 어디쯤 가고 있는 걸까"라는 구절이 바로 그러한 출세간으로서 나한에의 길에 대한 성찰과 갈망을 보여 주는 것에 해당한다.

바로 이 지점에서 "떠나기 전/ 이 무거운 짐/ 어디다 부려 놓고 가야 하나"라는 결구가 제시된다. 온갖 육신의 질곡, 운명의 구속에서 벗어나서 '참나' 에의 길, 자유에의 길에 대한 동경과 갈망이 제시되는 것이다.

시 ②에는 이러한 자유에의 길에 대한 갈망이 더 현실적인 모습으로 제시된다. 어느새 훌쩍 커 버린 자식들의 등쌀에 노배를 하면서 낡은 삶, 무거운 일상에서 벗어나 새로운 일탈과 해방으로서 자유에의 길, 새 출발의 꿈을 펼쳐가게 되는 것이다. "무겁게 이고 지고 온/ 내 영혼 억누른 생의 찌꺼기들/ 훌훌 털어 버리고 홀가분해지고 싶다"라는 결구 속에는 이러한 육신의 무거움, 삶의 질곡으로부터 벗어나서 가벼움으로서 자유에의 길을 가고 싶다는, 가야겠다는 새 출발과 부활의 의지가 꿈틀거리고 있다는 뜻이다.

법정 스님을 노래한 시 ③에서 그것은 불구덩이 속에서 피어나는 연꽃 한 송이, 즉 화중련花中蓮으로 표상된다. 그것은 바로 온갖 육신의 무게와 정신의 질곡의 불구덩이 속에서 무소유를 실천함으로써 마침내 피워 낸 화중련으로서 우담바라꽃이 표상되어 나타난다. 우담바라란 무엇이던가? 3천 년에 한 번씩 피어난다는 완성된 깨달음으로서 인도 불교 상상의 꽃이 아니던가. 그만큼 고귀하고 드높은 깨달음의 경지를 표상하는 꽃이라 하겠다.

이처럼 진정한 깨달음을 통해서 마침내 내려놓음과 비움의 길로서 참다운 무소유의 길, 자유에의 길을 발견하고 그를 향해 조금씩 나아가고자 하는 데서 이 시집의 의미가 드러남은 물론이다.

6. 고요와 평안의 시학을 위하여

그렇다면 시인이 궁극적으로 꿈꾸고 지향하는 삶의 세계와 그 정신의 경지는 과연 어떠한 것인가? 한마디로 필자는 그것을 고요의 시학, 평안의 시학이라 불러 보고자 한다.

① 알프스 카르투지오 수도원에
천사의 웃음꽃처럼

눈송이가 쏟아져 내리네

하늘 가까이에서
그들만의 역적 시간을 보내는
묵언수행자들이 살고 있다

절제와 묵상으로
한 걸음 한 걸음
존재의 신비를 깨달아 가는

저, 절대고독!

순은고요

—「순은고요」 전문

② 아파트 풍경을
비디오 촬영하듯
조리개를 옮겨 가고 있습니다

온종일
붉은 수레 끌고
서편 하늘로 물러앉는
지친 석양을 바라봅니다

나 그대 앞에 서서
내 안에
황홀한 슬픔의 적멸고요를 찍습니다

—「내 안의 석양을 찍다」 전문

③ 물푸레 그늘 아래

소금쟁이 일획을 긋고 가네

흔적 없는

정.
금.
고.
요.

—「호수의 명상」 전문

시집에는 인용 시에서 보듯이 순은고요, 적멸고요, 정금고요 등 명상과 관조로서 잔잔한 고요의 시학이 일렁이고 있음을 발견할 수 있다. 그러한 고요의 시학은 절제와 묵상을 통해 한 걸음씩 존재의 신비를 깨달아 가는 길이며, 동시에 '절대 고독' 의 길, '묵언 수행' 의 과정을 통해 도달하고자 하는 영원에의 길에 해당한다. 또한 시인의 내면에 기울어 가는 석양 속에서 황홀한 적멸고요를 체현하는 일이며, 호수의 물거울에 일획을 긋고 가는 소금쟁이의 모습 속에서 정금고요를 읽어 내는 깨달음의 길이자 지혜의 길이 아닐 수 없다.

그것이다! 오늘날 황금만능의 세태, 기계만능의 홍수 속에서 내면의 고요를 발견하고 그러한 고요의 시학 속에서 정신의 구원과 평화를 얻고자 하는 것이 여 시인의 근본 목표이자 시의 이데아인 것이다. 온갖 죽임과 찢김의 시대, 폭력과 광

기의 시대에 고요의 시학, 평안의 시학을 향해 나아감으로써 인간 구원과 생명 회복의 길이 열릴 수 있다는 평화의 철학을 보여준 데서 이 시집의 의미가 드러난다.

그러기에 새삼 고요의 시 한 편이 아름다운 무늿결로 속삭여 오는 것을 보고 듣는다.

물먹은 검푸른 산
짐승처럼
하얀 숨 내뿜으며
새벽 뜸 들이고 있네

밤새 죽비 두들겨 맞은
백담계곡
끙끙 살몸살 앓는 소리

순한 소의 눈망울처럼
멍히 숨죽인 소나무들
빗줄기 무현금 뜯고 있네

아, 차 한잔의
화엄고요

—「화엄고요」 전문

앞으로 시인이 더욱 각고 정진하여 이러한 깨달음의 시학으로서 고요의 시학, 평안의 시학을 완성해 나아가기를 희망한다.

시인 여자영

함흥 출생
2010년 『시와시학』으로 등단

E-mail: yayeuns@hanmail.net

화엄고요

지은이 | 여자영
펴낸이 | 김재돈
펴낸곳 | 도서출판 시와시학
1판1쇄 | 2011년 7월 10일
출판등록 | 2010년 8월 10일
등록번호 | 제2010-000036호
주소 | 서울 종로구 명륜동1가 42
전화 | 744-0110
FAX | 3672-2674

값 8,000원

ISBN 978-89-94889-12-2 03810